Humortraining

Humortraining

Psychologie zum Mitlachen

Doris Bach und
Theresa Scheinecker

PARODOS

Bibliografische Information der Deutschen Nationalbibliothek
Die Deutsche Nationalbibliothek verzeichnet diese Publikation in der Deutschen Nationalbibliografie; detaillierte bibliografische Daten sind im Internet über https://www.dnb.de abrufbar.

Lektorat und Satz: Gesine Jordan
Druck: Print Group Sp. z o.o., Stettin

ISBN 978-3-96824-024-4

https://parodos.de

CliniClowns Österreich

Weil jedes Kind unbeschwertes Kindsein verdient, jeder Mensch Zuversicht und Hoffnung braucht, machen die Pioniere der Humortherapie – die CliniClowns – ihre Arbeit, zaubern seit 1991 magische Augenblicke in Krankenhäuser, Geriatriezentren und Pflegeheime. Damit unterstützen sie die Menschen bei der Genesung und ermöglichen eine Auszeit von Schmerzen und Angst.

Ihre Visiten bedeuten Hoffnung, Freundschaft und Lebensfreude, sie wirken anti-dementiv, antidepressiv und sie schaffen Überlebensqualität, denn: Wer lacht, gibt nicht auf!

Durch den 2005 gegründeten CliniClown Forschungsverein konnten unzählige wissenschaftliche Projekte unterstützt werden, die die Wichtigkeit der Humorfähigkeit belegen.

Wir danken an dieser Stelle allen, die mithelfen, dass diese Clownvisiten zustande kommen!

Liebe Leserinnen und Leser!

Seit vielen Jahren beschäftigen wir uns mit dem Thema Humor. Nicht nur, weil wir selbst gerne lachen, sondern weil wir es auch wissenschaftlich hinterleuchten wollten. So begannen wir, darüber zu lesen und zu forschen. Die Erkenntnisse waren verblüffend: Humor ist eine Fähigkeit des Menschen, die jederzeit einsetzbar ist und die unser Gehirn trainiert, da sehr schnell Neues mit Altem verbunden und Inkongruenzen erkannt werden müssen. Lachen hingegen schafft zwischenmenschliche Verbindungen, fördert Wohlbefinden und hilft uns, gesund zu bleiben. All diese wunderbaren Erkenntnisse möchten wir mit Ihnen teilen, Sie dazu motivieren auch in Krisenzeiten Ihre Humorfähigkeit zu trainieren, denn vor allem in diesen Zeiten ist es wichtig, mittels Humor auch Distanz zu den schwierigen Situationen des Alltags zu bekommen, um sie besser bewältigen zu können.

Zugegeben waren die letzten zwei Jahre, unbeachtet jeder individuellen Lebenssituationen, ziemlich belastend. Die Aussicht auf Besserung trägt uns weiter, obwohl sie einer permanenten Eruption unterworfen ist. So mögen Sie sich vielleicht fragen, ob Humor und Lachen auch in Krisenzeiten angebracht sind. Wir möchten uns hierfür den Worten Viktor E. Frankls anschließen, der meinte: »Humor ist die Waffe der Seele im Kampf um Selbsterhaltung«, denn er ermöglicht uns, sich von allem, auch von uns selbst, zu distanzieren. Diese Aussage gilt selbst in den schwierigsten Situationen, da uns das Lachen, wenn auch nur für kurze Zeit, in eine andere Stimmung bringt.

Selbst während der Pandemie zeigte sich in vielen Untersuchungen, dass vor allem „Selbst-stärkender Humor“ die empfundenen Belastungen reduziert und uns hoffnungsvoller werden lässt. So erhöhen Sie mit der Steigerung Ihrer Humorfähigkeit auch Ihre Resilienz und werden gegenüber allen Belastungen widerstandsfähiger – probieren Sie es doch aus!

Unser Ziel war es, ein 8-wöchiges Trainingsprogramm mit dem Fokus auf Humor, Heiterkeit und Lachen zu entwickeln, welches von zu Hause aus (ganz ohne Ansteckungsgefahr) erarbeitet werden kann. Denn gerade in schwierigen Zeiten ist es wichtig, Humor zu stärken. Durch das Training wollen wir unter anderem darauf aufmerksam machen, dass Humor gepflegt werden muss. Lachen kann erlernt werden und das eigene Wohlbefinden durch gezielte Übungen verbessert werden. Vor allem aber wollen wir die Erforschung des eigenen Humors unterstützen, um diesem im Alltag bewusst mehr Raum zu lassen. Dafür berichten wir Ergebnisse der Humorforschung sowie der allgemeinen Psychologie und wenden diese mithilfe von Übungen an. Da Humor etwas sehr Individuelles ist und wir den jeweiligen Humorstil nicht vorgeben wollen, haben wir uns entschieden, keine konkreten Witze oder Cartoons einzubauen, um der persönlichen Humorentfaltung Raum zu geben.

Wir wünschen viele positive Momente von heiterer Gelassenheit, echtem Lachen und humorvollen Interpretationen dieser Welt!

Gender-Erklärung

Aus Gründen der besseren Lesbarkeit werden innerhalb dieses Buchs personenbezogene Bezeichnungen, die sich auf Frauen*, Männer* oder andere Geschlechtsidentitäten beziehen, abwechselnd in nur einer Form (männlich* oder weiblich*) angeführt. Dies soll keinesfalls eine Geschlechterdiskriminierung oder eine Verletzung des Gleichheitsgrundsatzes zum Ausdruck bringen. Zusätzlich haben wir uns entschieden, Sie persönlich anzusprechen und die Pronomen du/ihr zu verwenden.

Inhaltsverzeichnis

Einleitung

Das folgende Training mit dem Schwerpunkt „Heiterkeit, Humor und Lachen“ ist angelehnt an das praxiserprobte Humorinterventionsprogramm von Falkenberg, McGhee & Wild (2007). In acht aufeinander aufbauenden Wochenblöcken werden Themen von der Definition des Humors bis hin zur Selbstanwendung humorbasierter Übungen bearbeitet. Dieses Buch bildet die Verschriftlichung des 8-Wochen-Programms, welches unter anderem zum Nachschlagen und Festhalten der persönlichen Übungen dient. Jede Einheit kann zusätzlich über einen QR-Code als Power Point Präsentation abgerufen werden. Alle QR-Codes sind im letzten Kapitel zu finden.

Inhaltlich beginnt jeder Themenblock mit einer kurzen „Denkspottaufgabe“, welche anhand von verschiedene Reflexionsfragen das Wochenthema einleitet. Anschließend folgt ein psychoedukativer Teil. Dieser besteht aus der Vermittlung von psychologischem Fachwissen zu den einzelnen Thematiken. Abgeschlossen wird jede Einheit mit einer „Humorwork“, also einer passenden Übungsaufgabe. Die freien Seiten innerhalb des Buchs dienen zum Notieren von persönlichen Gedanken während des Trainings. Durch das Festhalten können Einfälle auch im Nachhinein wiederholt und erweitert werden. Vor Woche drei ist ein Gastbeitrag von Verena Vondrak zu finden, die ihre persönlichen Erfahrungen als CliniClownin teilt. Täglich stellt sie sich im „ernsten“ Krankenhausalltag neuen Herausforderungen, um den Menschen dort ein Lächeln zu schenken. Denn wie schon erwähnt hat Humor eine sehr heilsame Wirkung.

In diesem Sinne: *Lasst uns viel lachen!*

„Das Leben ist zu wichtig, um es ernst zu nehmen."
(Oscar Wilde)

Woche 1: Was ist Humor?

Denkspottaufgabe

Hast du dich schon einmal gefragt:

- Wie erlebst du dich selbst? Bist du eine heitere Person oder tendierst du zu ernster Grundstimmung?
- Lachst du viel? Was bringt dich besonders häufig zum Lachen?
- Wie sehen Situationen aus, in denen du viel lachst?
- Lachst du häufiger in einer bestimmten Stimmungslage? Welche Atmosphäre benötigst du, um in eine lockere Stimmung zu kommen?
- Kannst du aktiv Humor in eine Situation bringen?
- Hättest du derzeit gerne mehr Lachen in deinem Leben? Wenn ja, was müsste sich ändern, damit du mehr zum Lachen hättest?

Frage zusätzlich eine nahestehende Person, wie sie dich in Bezug auf deine Lachgewohnheiten einschätzt.

___

___

___

Definition: Humor

„Humor ist nie humoristischer, als wenn er sich selbst erklären will."
(Friedrich Hebbel 1903)

Die vielen Versuche, Humor zu definieren und zu kategorisieren, führten bisher zu keinem einheitlichen Ergebnis. So manche Definitionen beschäftigen sich mit dem Wesen von Humor, andere wiederum mit dessen Absicht und Bedeutung. Auch wenn zum derzeitigen Zeitpunkt von keinem allgemeingültigen theoretischen Modell ausgegangen werden kann, wollen wir einige Definitionsversuche vorstellen.

Im Duden wird Humor folgenderweise definiert:

- Fähigkeit und Bereitschaft, auf bestimmte Dinge heiter und gelassen zu reagieren?
- sprachliche, künstlerische o. ä. Äußerung einer von Humor (1) bestimmten Geisteshaltung, Wesensart
- gute Laune, fröhliche Stimmung

Nach Eysenck (1972) erleben wir eine Person als humorvoll, wenn sie eine der folgenden Bedingungen erfüllt:

- Konformität (wenn eine Person über dieselben Dinge lacht wie wir)
- Quantität (wenn sie häufig lacht und leicht zu amüsieren ist)
- Produktivität (wenn sie andere Personen durch lustige Geschichten amüsieren und unterhalten kann)

Im alltäglichen Sprachgebrauch wird Humor mit anderen Konzepten wie Lachen, Freude oder Witze erzählen synonym verwendet. Deshalb ist die Abgrenzung zu anderen Begriffen ein wesentlicher Bestandteil beim Versuch, Humor zu definieren.

Humor ist nicht gleich Lachen

Grundsätzlich ist Humor von Lachen bzw. Lächeln zu unterscheiden, auch wenn Humor mit Lachen einhergehen kann. Zusätzlich gilt Lachen manchmal als Indikator für das Vorhandensein von Humor oder kann als mögliche Reaktion auf humorvolle Situationen folgen. Trotz dieser Zusammenhänge ist Humor keine Voraussetzung für ein existierendes Lachen. Sowohl Humor als auch Lachen können unabhängig voneinander auftreten und stehen deshalb nicht zwangsläufig miteinander in Beziehung. Wie wir alle vermutlich aus persönlichen Erfahrungen wissen, können einem Lachen unterschiedlichste Gefühle zu Grunde liegen. Menschen lachen aus Freude, über einen Witz, in schockierenden Situationen, als Machtdemonstration, wenn sie sich hilflos fühlen sowie aus Scham oder Unsicherheit.

Wozu gibt es Humor?

Humor ist ein Teil von allen Lebensstufen, dessen Aufgabe sich je nach Entwicklungsstadium verändert. Im Kindesalter spielt Humor eine wesentliche Rolle in sozialen Beziehungen und erleichtert die Kontaktaufnahme zu Gleichaltrigen. Ebenfalls von Bedeutung ist in diesem Alter der Einsatz von Humor als Bewältigungsstrategie bei kleinen psychosozialen Krisen. Ein typisches Beispiel hierfür ist das gegenseitige Ärgern von Kindern. Bei Jugendlichen bietet Humor ein Ventil für aufgestaute Energien und dessen Abbau. Ebenso bietet Humor die Möglichkeit, sich leichter innerhalb diverser Jugendkulturen einzugliedern, zu identifizieren und eine Zugehörigkeit zu erlangen. Darüber hinaus ermöglicht Humor in dieser Altersgruppe die notwendige Abgrenzung gegenüber Zwängen und Normen. Im Erwachsenenalter dient Humor als Korrekturmittel von sozialem Verhalten, zum Beispiel indem ein Gefühl mit Humor überspielt wird. Humor kann zusätzlich dabei behilflich sein, soziale Interaktionen wie Smalltalk zu erleichtern. Im höheren Alter hat sich Humor besonders in der Bewältigung kritischer Lebensereignisse bewiesen. Auch in der Konfrontation mit körperlichen oder sozialen Verlusten stellt Humor eine wichtige Ressource dar.

Unabhängig vom Alter wirkt Humor unterstützend im Umgang mit sozialen Beziehungen sowie stressreichen Situationen. Als Copingstrategie kann Humor ein Ventil für Wut und Ärger bilden, dem Abbau von Angst und Spannung dienen oder zu einem kurzen Ausbruch aus der Realität verhelfen. Humor kann also ein kreativer Weg sein, das Leben zu meistern, und ist zusätzlich immer wieder ein kleiner Sieg über Furcht und Abhängigkeit! Trotzdem können gewisse Humorstile auch negative Auswirkungen mit sich bringen. Dass Humor auch verletzend sein kann, sei an dieser Stelle betont.

In dieser Woche haben wir gemerkt, dass Humor sehr vielschichtig ist und keine einheitliche Definition aufweist. Trotzdem wollen wir den Begriff für dieses Programm etwas eingrenzen. Wir werden versuchen, das alltägliche Leben aus einem anderen Blickwinkel zu betrachten, welcher uns dabei helfen soll, innere Gelassenheit zu kreieren. Humor definieren wir also unter anderem als heitere Lebenseinstellung. Auch wenn Humor nicht gleich Lachen ist, werden wir uns damit beschäftigen, in welchen Momenten unseres Alltags wir Freude und Lachen erleben und wahrnehmen. Ein weiterer Fokus liegt auf der Verstärkung von Freude und heiterer Gelassenheit. Nicht unwesentlich hierfür ist, ein Bewusstsein für die eigene Verwendung von Humor zu schaffen.

Martin et al. (2003) kategorisierten vier verschiedene Humorstile:

1. **Der soziale Humor**
   Das Merkmal dieses Humorstiles ist die Fähigkeit, andere Personen durch lustige Geschichten oder Witze erzählen zu unterhalten und zum Lachen zu bringen. Hierbei wird Humor aktiv eingesetzt. Dieser Stil wird als positiv bewertet.
2. **Selbstaufwertender Humor**
   Dies ist ein weiterer positiver Humorstil. Er kommt vor allem als Emotionsregulation sowie als Copingstrategie zum Einsatz. Beim selbstaufwertenden Humor werden negative Kognitionen durch eine allgemeine humorvolle Sichtweise auf das Leben reguliert.
3. **Agressiver Humor**
   Aggressiver Humor kann sehr verletzend anderen gegenüber wirken. Die Gefühle der Mitmenschen werden hintenangestellt. Manipulierender und kritisierender Humor sowie manche Arten von Sarkasmus werden hier eingeordnet.
4. **Selbstabwertender Humor**
   Hierbei kommt es durch den Einsatz von Humor zu einer starken Abwertung der eigenen Person. Bei der Verwendung dieses Humorstils versuchen Menschen, Anerkennung zu erlangen, indem sie selbstverletzende, humorvolle Aussagen tätigen.

Diese Kategorisierung von Humor kann als Angebot angesehen werden, um den eigenen Humor kennenzulernen. Vielleicht findest du dich in einem oder mehreren Humorstilen wieder, je nachdem in welcher Situation du bist oder wie deine Gefühlslage ist.

Humorwork

- Ermittle deinen persönlichen Humorstil. Beantworte dazu den Humor Styles Questionnaire und werte ihn anschließend aus. Welche Gedanken kommen dir zu deinem Ergebnis? Du kannst den Fragebogen online abrufen unter: www.humorstyles.com
- Schreibe dir bis zur nächsten Einheit drei Lieblingswitze/Geschichten auf.

Lieblingswitze

- Überlege dir, welches Lied deine Stimmung hebt, wann immer du es hörst. Vielleicht erleichtert es deine Suche, wenn du an Urlaubsmomente oder positive Erinnerungen denkst.

Mein persönlicher Gute-Laune-Song:

Woche 2: Achtsamkeit

Denkspottaufgabe

Hast du dich schon einmal gefragt:

- Wo spürst du Lachen im Körper?
- Was ändert sich beim Lachen in deinem Körper?
- Was ändert sich an deiner Stimmung?

Achtsamkeit ist ein Begriff, welcher in den letzten Jahren immer mehr Popularität erlangt hat. Gerade deshalb hat jede Person unterschiedliche Assoziationen zu diesem Begriff, welche nicht ausschließlich positiv sein müssen. Was verbindest du mit Achtsamkeit?

Definition: Achtsamkeit

Achtsamkeit ist eine Form der bewussten Aufmerksamkeitslenkung, die den Moment in den Mittelpunkt stellt und Emotionen urteilsfrei betrachtet. Historisch gesehen entstand die Entwicklung von Achtsamkeitsübungen in der buddhistischen Meditationspraxis. Innerhalb der letzten Jahrzehnte wurde Achtsamkeit zusätzlich Teil von verschiedenen Therapieformen.

So könnte beispielsweise eine Achtsamkeitsübung beginnen:

Nimm dir einem Moment Zeit und suche dir einen stillen Ort, an dem du dich wohlfühlst. Bring deinen Fokus zu deinem Atem. Wenn du möchtest, kannst du auch deine Augen schließen. Spüre, wie sich durch deinen Atem die Bauchdecke hebt und senkt. Spüre deinen Körper und die Unterlage, die dich berührt. Richte deine Aufmerksamkeit auf deine Zehen, deinen Fuß über die Unterschenkel bis zum Knie, zum Oberschenkel, zur Hüfte. Führe deinen Atem bewusst zu den unterschiedlichen Körperteilen. Vielleicht nimmst du unterschiedliche Körpersignale wahr. Spüre sie, ohne sie zu bewerten. Bündle deine Aufmerksamkeit auf deinen Beckenbereich und deine inneren Organe. Durchströme jedes einzelne Organ mit deinem Atem. Nimm dir Zeit, atme tief und gleichmäßig. Wenn du bereit bist, kannst du dich Richtung Brustkorb bewegen. Nimm dein Herz wahr, das für dich unaufhörlich schlägt, und durchströme es mit Licht und Freude. Geh‘ weiter zu deinen Armen bis zu deinen Fingerspitzen und durchwandere auch diese. Nimm Impulse wahr, ohne zu bewerten. Wenn Gedanken auftauchen, lass sie wieder gehen und führe deinen Fokus zurück auf deinen Körper. Nun richte deine Aufmerksamkeit auf dein Gesicht und deinen Kopf. Entspanne deinen Kiefer und deine Stirn, lass los und bringe mit jedem Atemzug Ruhe und Gelassenheit in dein Gesicht. Genieße noch einige Momente der

Ruhe und Entspannung; wann auch immer du bereit bist, öffne deine Augen und fühle dich frisch und vital.

Was hat Achtsamkeit mit Humor zu tun?

“Stille ist wie ein Witz (oder Witz ist wie Stille?!).
Wir erwarten, dass etwas Großartiges passiert, und was kommt?
Nichts!
Das ist im Grunde so komisch, dass ich mich immer wundere,
wie ernst die Leute beim Meditieren gucken”
(Barbara Wild, 2014)

Heitere Gelassenheit zu entwickeln, ist auch eine Grundhaltung des Meditierens. Eine weitere Gemeinsamkeit zwischen Humor und Meditation ist, dass sie einen Umgang mit Widersprüchen erlauben. Was genau bedeutet das? Vielleicht ist dir schon einmal aufgefallen, wie schwer es manchmal auszuhalten ist, dass die Welt nicht nur schwarz-weiß ist. Die meisten Menschen sind nicht ausschließlich gut oder böse und auch unsere Gefühle sind nicht immer eindeutig und konsistent. Damit es für uns im Alltag einfacher ist, verschiedene Widersprüche auszuhalten, probieren wir oft, unsere Gefühle genau einzuordnen oder einen Grund für etwas festzulegen. Viele Meditationen trainieren, die eigenen Gefühle anzunehmen und ihre Gegensätze auszuhalten. Auch Lachen und Witze erlauben, diese Unvereinbarkeit bestehen zu lassen.

Lachen/Humor bewusst wahrnehmen

Probiere im Alltag, Humor oder ein langes Lachen wahrzunehmen und wertzuschätzen. Wann tut dir Lachen/Humor besonders gut und in welchen Situationen kannst du es verstärken? Zu beachten bei der bewussten Aufmerksamkeitslenkung ist, dass du dein Umfeld genauso achtsam betrachten solltest wie dich selbst und so andere Personen in deine Wahrnehmung miteinbeziehst. In dem Wort Achtsamkeit stecken die Worte Achtung und Beachtung, welche du deiner Umgebung und deinen Mitmenschen genauso schenken solltest wie dir selbst. Ein weiteres Ziel ist es also, durch Achtsamkeitsübungen zu lernen, dich selbst und andere wertzuschätzen.

„Positive" Emotionen

Die Achtsamkeitsbewegung wird oft mit dem Fokus auf „positive" Gefühle in Verbindung gebracht. Studien konnten eine höhere Lebenszufriedenheit bei Menschen feststellen, welche Achtsamkeitsübungen vertieften und regelmäßig anwandten. Auch Humor lässt sich in diesem Sinne bewusst in eine Situation integrieren. Das kann unter anderem durch eine Lenkung der Gedanken passieren. Du kannst zum Beispiel deine Gedanken auf etwas Positives richten, um stressige Situationen neu zu bewerten. Fällt dir vielleicht eine Situation ein, in der du dich geärgert hast? Wie könntest du diese anders betrachten? Was war vielleicht sogar hilfreich an der Situation?

Wir alle erstreben ein glückliches Leben mit so wenig Leid wie möglich. Trotz allem gehören auch „negative" Emotionen zum Leben dazu (auch bei einer hohen Lebenszufriedenheit). Hilfreich kann es beim Erleben dieser sein, sie zu akzeptieren und einen Umgang mit ihnen zu finden (vielleicht sogar einen humorvollen?). So gehören Wut,

Trauer, Ekel, Überraschung und Furcht genauso zu den Basisemotionen wie Freude. Diese in gewissen Momenten nicht sofort als negativ oder positiv zu bewerten, sondern einfach sein zu lassen und bewusst wahrzunehmen, kann sich bewähren.

Toxische Positivität

Bevor wir die Woche zum Thema Achtsamkeit beenden, wollen wir noch kurz auf das Konzept der toxischen Positivität eingehen. Gemeint damit ist der Glaube, dass Menschen jede Situation ausschließlich positiv betrachten sollten. Das kann nicht nur Druck aufbauen und zu Schuldgefühlen führen, sondern auch zu einer Verkennung von negativen Erfahrungen oder Gefühlen beitragen. An dieser Stelle wollen wir eine klare Abgrenzung zwischen toxischer Positivität und Übungen zur Achtsamkeit betonen. Im Leben kommt es immer wieder zu schweren Einschnitten, in denen es okay ist, nicht immer in einer guten Stimmung zu sein. In einigen Situationen kann es dennoch hilfreich sein, den eigenen Blickwinkel zu reflektieren und negative oder stressige Situationen zu überdenken. Dabei hilft vielleicht die Frage: Wie ernst würdest du die Situation von außen betrachtet oder als deine beste Freundin einstufen?

Exkurs: Verneinung

Wusstest du, dass unser Gehirn Verneinungen nicht verarbeiten kann? Versuche es einmal! Bitte denke jetzt nicht an einen Elefanten. Das ist besonders relevant im Umgang mit Gefühlen. „Du schaffst das schon“ ist für unser Gehirn demnach viel motivierender als „Du brauchst keine Angst zu haben“, da beim zweiten die Aufmerksamkeit der Angst gewidmet wird. Solche Beispiele verdeutlichenden den Einfluss von Gedanken auf unser Wohlbefinden.

Humorwork

- Nimm dir diese Woche jeden Tag 5–10 Minuten Zeit, um eine Achtsamkeitsübung auszuprobieren. Dafür kannst du dir zum Beispiel geführte Meditationen bei YouTube anhören oder ein passendes Buch mit Achtsamkeitsübungen lesen. Vielleicht willst du diese Minuten aber auch allein für dich nutzen und dir den Moment und deinen Körper vergegenwärtigen. Das allein ist schon mehr als genug. Die folgende Meditation wurde von uns als beispielhafte Abendroutine gewählt, wobei nicht eine bestimmte Glaubensrichtung hervorgehoben werden soll. Eine solche Abendroutine kann individuell adaptiert werden.

Beispiel: Abendmeditation nach dem Dalai Lama aus dem Buch der Freude (2016)

Wie wir den Tag abschließen und schlafen gehen, ist von hoher Relevanz für unsere Stimmung des nächsten Tages und unseren Schlaf. Die folgend beschriebene Übung bietet eine Möglichkeit für einen achtsamen Tagesabschluss.

1. *Denk über den Tag nach.* Nimm dir, bevor du ins Bett gehst oder wenn du schon im Bett liegst, ein paar Minuten Zeit, um den Tag zu reflektieren. Betrachte bedeutsame Erfahrungen, Gespräche, Gefühle und Gedanken. Dabei ist es wichtig, dass du dich nicht zu sehr auf das konzentrierst, was du getan hast. Es geht einfach darum, die wichtigsten Eigenschaften des Tages zur Kenntnis zu nehmen und sich zu überlegen, ob der Tag den Absichten oder Zielen entsprach, die du dir am Morgen gesetzt hast.
2. *Achte auf deine Emotionen und akzeptiere deine Erfahrung.* Denke über deine Emotionen nach, die du den Tag über gespürt hast. Wenn dunkle Gedanken

oder Gefühle auftauchen, lasse sie einfach zu. Versuche nicht, das Negative wegzuschieben und nur das Positive zu sehen. Nimm einfach zur Kenntnis, was passiert ist. Wenn du unglücklich bist über ein Ereignis oder über etwas, was du getan hast, lege eine Hand auf dein Herz und sage: „Ich akzeptiere mich, wie ich bin, unvollkommen und menschlich, wie alle anderen auch." Registriere, wo du einer Absicht nicht gerecht wurdest. Das ist wichtig, wenn du wachsen und lernen willst. Wenn an deinem Tag etwas schmerzliches geschehen ist, kannst du es sanft zur Kenntnis nehmen, indem du sagst „Das hat wehgetan. Ich bin damit nicht allein. Wir leiden alle von Zeit zu Zeit."

3. *Fühle Dankbarkeit.* Die wichtigste Einstellung, die du zu deinem Tag haben solltest, ist Dankbarkeit für deine Erfahrungen und alles, was dir Lernen und Wachstum ermöglicht hat, selbst wenn es hart gewesen ist. Wenn du ein Dankbarkeitstagebuch führst, kannst du diese Dinge hineinschreiben.
4. *Freu dich über deinen Tag.* Suche dir etwas aus, was du getan hast und mit dem du zufrieden bist, zum Beispiel dass du jemandem geholfen oder bei einem Konflikt Ruhe bewahrt hast. Wenn dir nichts einfällt, kannst du dich darüber freuen, dass du diese Übung machst.
5. *Denk an morgen.* Du kannst die Übung beenden, indem du deine Aufmerksamkeit dem nächsten Tag zuwendest und überlegst, wie du den Herausforderungen gerecht werden willst, die du vielleicht erwartest. Vertraue darauf, dass du mit allem umgehen kannst, was der Tag bringen mag, und lasse deine Befürchtungen für diese Nacht ruhen, bevor du einschläfst.

Gastbeitrag von Verena Vondrak alias Frau Dr. Tupfen-Topfen

Wir sind ein wenig privilegiert! Als Clowninnen können wir uns einen schönen „poetischen" Kosmos schaffen und die Welt ein bisschen schöner gestalten. Das ist ähnlich wie bei den Schmetterlingen: Sie sind so leichtfüßig und schwerelos, schön und fragen sich nicht, wozu sie da sind, sie sind halt da und man erfreut sich an ihrer Schönheit.

Aus dem Tagebuch einer CliniClownfrau

(St. Anna Kinderspital/Onkologische Station):

Glaubt mir, der intensive Kontakt mit den Clowns ist nicht zu unterschätzen und löst bei Jung und Alt Schönes und Nachhaltiges aus. Am Wochenende habe ich leider erfahren, dass ein kleiner Bub mit 5 Jahren den Kampf ums Überleben nicht geschafft hat. Wir, Christoph (mein Clownpartner) und ich, haben ihn dann auch noch einige Male zu Hause besucht und es war immer eine Freude, ihn zu erleben. Beim letzten Besuch konnte er nicht mehr sehr gut gehen, aber trotzdem war da eine ungeheuer große Lebensenergie, ein toller Kerl! Jetzt hat uns seine Mutter geschrieben, dass vor seinem Fenster ein Blaumeisenpaar ihr Nest hatte, und er nannte sie Dr. Filou und Dr. Tupfen-Topfen, also nach unseren Clownsnamen. Damit möchte ich euch sagen, dass so ein Clown eine große Wirkung, Bedeutung und auch viel Freude für die Welt sein kann – das ist dann unser „kleiner“ Beitrag für die Welt!

In der Schwere die Leichtigkeit entdecken, in der Trauer eine Feder fliegen lassen, in der Verzweiflung an die Kraft eines Lächelns glauben: das sind dann Wunder, die berühren und mitfühlen lassen – mit sich selbst und mit dem Gegenüber!

Woche 3: Spielerische Lebenskunst

Denkspottaufgabe

- Was war deine Lieblingsfigur (eines Comics, einer Geschichte oder eines Zeichentrickfilmes) als du ein Kind warst?
- Was beeindruckt(e) dich an ihr?
- Was hast du mit der Figur gemeinsam?
- Wie würde diese Figur bei einem typischen Problem deines Alltags reagieren?

Exkurs: Die Clownfigur

Es ist kein Zufall, dass sich der Clown in unser Humortraining „verirrt". Denn von ihm kann man im Hinblick auf Humor (und auch im Allgemeinen) viel lernen. Keine Angst – wir wollen dir in dieser Einheit weder beibringen, durch einen brennenden Reifen zu springen, noch musst du eine rote Nase aufsetzen oder dich zum „Affen" machen. Es gibt ganz viele andere Dinge, die wir uns von der Clownin abschauen können. Also lass uns deinen Clown gemeinsam wiederentdecken, denn er steckt in uns allen! Dafür probieren wir, den Clown nicht über künstlerische Talente zu definieren, sondern über seine Persönlichkeit. Er besitzt Charakterzüge, die es erleichtern, die bunten Seiten des Lebens zu sehen. Wenn wir uns davon inspirieren lassen, erkennen wir vielleicht in manchen Situationen das Schöne deutlicher. Die Clownin ist bekannt für Eigenschaften wie Neugierde, Naivität, Begeisterungsfähigkeit, authentischen Umgang mit Emotionen, Freude am Entdecken und Lust am Scheitern. Sie lebt Konflikte aus, ist geprägt von Leichtigkeit und hat Freude am Spielen. All diese Eigenschaften, welche wir mit kindlichem Verhalten assoziieren, gewöhnen wir uns auf dem Weg des Erwachsenwerdens häufig ab. Deshalb widmen wir uns in dieser Einheit dem Spiel und versuchen, ihm mehr Platz zu geben. Eine spielerische Einstellung geht mit Lachen und Freude einher und ist ein zentraler Punkt des Humors.

Johan Huizinga (1956, S. 37) definiert das Spielen wie folgt: „Spiel ist eine freiwillige Handlung, die innerhalb festgesetzter Grenzen von Zeit und Raum nach freiwillig angenommenen und unbedingt eingehaltenen Regeln verrichtet wird, ihr Ziel in sich selbst hat und begleitet wird von dem Gefühl der Spannung und Freude und einem Bewusstsein des Andersseins als im gewöhnlichen Leben".

Wozu spielen wir?

Das Spielen ist eine Verhaltensweise, die schon seit Millionen von Jahren von Menschen und Tieren ausgeübt wird. Je lernfähiger das Gehirn eines Tieres, desto häufiger tritt spielerisches Verhalten auf. Deshalb ist die evolutionäre Beständigkeit des Spielens auch Gegenstand wissenschaftlicher Untersuchungen.

Beim Spielen geht es unter anderem ums Ausprobieren. Menschen und Tiere können so ihre Möglichkeiten herausfinden und Grenzen testen. Das Spielen ist also ein Lernprozess, welcher in einer Weiterentwicklung resultiert. Spiele zeichnen sich häufig durch Ungewissheit aus. Zum Beispiel müssen Spielzüge gewählt werden, welche sich im Nachhinein als richtig oder falsch herausstellen. Deshalb gehen Wissenschaftlerinnen davon aus, dass Spielen uns darin schult, auf Unerwartetes zu reagieren.

Neurobiologie des Spielens

Wissenschaftliche Ergebnisse zeigen, dass Spielen die Entwicklung kognitiver Fähigkeiten, die Lernfähigkeit sowie die Kreativität fördert. Weitere Studien assoziieren mit Spielen eine erhöhte Bildung von Verdrahtungen im Kleinhirn. Das bedeutet eine Verbesserung von Koordination, Planung und Motorik. Beim Spielen kommt es zusätzlich zu einer verminderten Aktivität von Nervenzellverbänden und einer Verringerung des Sauerstoffverbrauchs der Amygdala. Da die Amygdala bei Angstzuständen aktiv ist, führt das Spielen also zu verringerter Angst. Gleichzeitig verstärkt Spielen jene neuronalen Netzwerke, welche für Herausforderungen eines jeweiligen Spieles benötigt werden. Wenn uns ein Spielzug gelingt bzw. eine Aufgabe positiv bewältigt wurde, feuern bestimmte Neuronenverbände im Mittelhirn im Bereich des Belohnungszentrums.

Dabei entstehen Gefühle von Freude, Lust und Begeisterung. Mit anderen Worten: Spielen kann Lebensfreude stärken und Angst verringern.

Spielen ist für Klein und Groß

Wenn wir uns mit Spielen befassen, sind Kinder klar im Vorteil und das beste Vorbild für Erwachsene. Aber auch wir Erwachsene spielen viel öfter, als wir meinen. Zum Beispiel bei Gedankenspielen. Denn während wir denken, spielen wir. Das passiert unter anderem, wenn wir unterschiedliche Möglichkeiten zur Lösung eines Problems durchspielen. Manchmal setzen wir uns auch mit der Realisierung einer Absicht auseinander und probieren zur Erreichung dieser im Kopf unterschiedliche Möglichkeiten aus. Dieses Entdecken und Erfinden ist nichts anderes als spielen.

Kunst und Kreativität

Spielen ist der Ursprung von Kreativität. Alle kreativen Prozesse basieren auf einer spielerischen Herangehensweise. Andersherum sind Kunstarten ein Ausdruck des Spielens:

- Spielen mit Worten (Lesen, Schreiben)
- Spielen mit Instrumenten und der Stimme (Musik)
- Spielen mit Farben (Malerei)
- Spiele mit Materialen (Basteln, Nähen)
- Spielen mit dem eigenen Körper (Tanzen, Sport)
- Was ändert sich an deiner Stimmung?

Das Spiel des Lebens

Das Ziel dieser Woche lautet, dem Spiel im alltäglichen Leben mehr Platz zu lassen. Wir wollen also den Ernst im Spiel finden und nicht im Leben. Das bedeutet, dass wir Sichtweisen und Verhalten aus dem Spiel mit ins Leben nehmen. Beim Spielen lernen wir zu gewinnen und zu verlieren und können mit einem Lächeln auf den Ausgang zurückblicken. Spielen als Lebenskunst zu betrachten, zeichnet sich darin aus, sich von den Herausforderungen des Lebens überraschen zu lassen und mit diesen spielerisch umzugehen. Die spielerische Leichtigkeit des Seins lässt immer neue Rollen und Perspektiven zu, wobei gezielte Rollenwechsel den Alltag verbessern können. Im Laufe eines Tages verkörpern wir viele verschiedene Rollen: Angestellter, Chefin, Mutter, Vater, Sohn, Tochter, Musiker, Künstlerin und so weiter. Wenn es uns gelingt, diese Rollen bewusst zu wechseln, können Probleme der verschiedenen Rollen getrennt werden. Ein Problem in der Arbeit als jenes der Angestellten zu betrachten, kann so den restlichen Tag von negativen Gedanken befreien.

Freiraum

Verbundenheit, Freiheit und Autonomie sind drei große Begriffe des Spielens. Denn im Prozess des Spielens verschwinden Druck und Zwang – Spielen macht frei! Durch diesen erschaffenen Freiraum bietet Spielen Platz für Neues und kann zur Potentialentfaltung dienen. Neue Facetten und Fähigkeiten können entdeckt werden und wir können aus der Alltagsroutine entkommen. Das kann zum Beispiel durch die Auseinandersetzung mit spielerischen Inhalten wie Theaterstücken oder dem Besuch von Kunstausstellungen passieren. Dabei können positive Gedanken und Gefühle entstehen.

Wortspiele

Mit Worten zu spielen, kann schnell ein humorvolles Erleben verursachen. Deshalb betrachten wir nun Wortspiele etwas genauer und trainieren unsere Humorproduktion. Die Auseinandersetzung mit Wortspielen schärft zusätzlich die Fähigkeit, unabhängig von Sprache Mehrdeutigkeiten zu erkennen. Üben lässt sich das folgendermaßen:

- bewusste Wahrnehmung von Doppeldeutigkeit in Gesprächen bzw. in Begegnungen mit der Umwelt
- Wörter konkret analysieren und nach Mehrfachbedeutungen untersuchen

Humorwork

- Versuche diese Woche, so viele Doppeldeutigkeiten wie möglich in deiner Umgebung wahrzunehmen. Schau dich um, wenn du auf dem Weg zur Arbeit bist, an der Kasse beim Supermarkt stehst, die Zeitung durchblätterst oder im Fernseher Werbung läuft. Sammle diese Entdeckungen und mache dir davon am Abend Notizen. Wichtig: Es ist egal, ob witzig oder nicht – Hauptsache mehrdeutig!
- Kreiere statt Definitionen – „Doofinitionen" (Übung nach McGhee, S. 51). Bsp.: Analog = Gegenteil von Anna sagt die Wahrheit Am besten schlägst du dafür zufällig das Wörterbuch auf, nimmst eines der ersten Wörter, die du liest, und schreibst dafür eine „Doofinition".Versuche ein Wort pro Tag zu beschreiben, deiner Kreativität sind keine Grenzen gesetzt. Wichtig: Es geht auch hier nicht darum, witzig zu sein oder Lustiges zu produzieren – lediglich darum, Mehrdeutiges zu erkennen!

- Bring diese Woche frischen Wind in deinen Alltag:
  Besuche ein Theater, eine Ausstellung, oder gehe zu einer Lesung.

Doppeldeutigkeiten in deiner Umgebung:

Doofinitionen:

Woche 4: Heitere Gelassenheit

Denkspottaufgabe

- Schreibe eine kurze Geschichte. Die Hauptfigur hat die Probleme, die dir für gewöhnlich Sorgen bereiten. Diese Figur erlebt dadurch viele Abenteuer und komische Situationen, die so manche Leserin zum Schmunzeln bringen würde.

Wie Du schon ganz zu Beginn mitbekommen hast, kann sich Humor in diversen Farben und Formen widerspiegeln. Wir wollen uns innerhalb dieses Trainingsprogrammes (vor allem aber innerhalb dieser Woche) näher mit Heiterkeit oder heiterer Gelassenheit auseinandersetzen. Bei dieser Facette des Humors geht es vor allem um die innere Haltung, mit welcher wir dem Alltag entgegentreten. Der Fokus liegt darauf, sich eine Sichtweise zu erarbeiten, die manche Dinge in einem anderen Licht erscheinen lässt. An dieser Stelle wollen wir einen Blick auf das psychologische Phänomen „Heiterkeit" werfen und den wissenschaftlichen Forschungsstand beleuchten.

Heiterkeit als psychologisches Konstrukt

Heiterkeit lässt sich in zwei Kategorien einteilen: Zum einen beschreibt es ein latentes Temperamentsmerkmal (Trait) und zum anderen einen aktuellen Gefühlszustand (State). Heiterkeit als stabile Charaktereigenschaft (Trait) spiegelt das Heiterkeitslevel wider, welches jede von uns in einem individuellen Ausmaß mitbringt und sich nur schwer durch äußere Einflüsse verändern lässt. So lassen sich manche Menschen leicht und andere eher schwer in Erheiterung versetzen. Der Gefühlszustand (State) der Erheiterung beschreibt eine Facette der Emotion Freude. Dieser kurz anhaltende positive Gefühlszustand wird häufig von außen ausgelöst und lässt sich deshalb leicht beeinflussen. Eine fröhliche Gesellschaft zum Beispiel hilft uns ebenfalls, in eine heitere Stimmung zu kommen. Je mehr Erheiterung in einem sozialen Gefüge entsteht, desto mehr sinkt unsere „Lachschwelle" und wir beginnen, uns von unserem Umfeld mitziehen zu lassen. Diese Wirkung lässt sich allerdings auch in umgekehrter Weise beobachten: je missmutiger eine Umgebung, desto höher die Schwelle des Lachens und desto geringer die Erheiterungsbereitschaft. Das Heiterkeitslevel ist somit abhängig von der Situation, dem Zeitpunkt und dem Ort.

Was können wir daraus schließen? Wenn im Alltag nur wenige Momente der Heiterkeit vorkommen, lässt sich das aktiv verändern. Zum Beispiel kannst du dich bewusst in ein soziales Gefüge begeben, welches Erheiterung wertschätzt und Lachen als wichtigen Teil des Lebens sieht. Deshalb ist es zunächst wichtig herauszufinden, wo in deinem Umfeld Humor und Gelassenheit zu finden sind. Im Anschluss ist es wichtig zu lernen, diese Erkenntnisse zu nutzen und sich an die entsprechenden Personen zu wenden. Das Aufgreifen der heiteren Stimmung passiert dann meist von allein.

Wo in meinem Umfeld spüre ich Gelassenheit?

Es handelt sich um einen bewussten Entschluss, Humor ins Leben zu lassen.

Der Psychologe Willibald Ruch (2012) stellt in seiner Humordefinition die Heiterkeit bzw. heitere Gelassenheit in den Mittelpunkt: „Humor hat mit einem persönlichkeitsbedingten kognitiv-emotionalen Stil der Verarbeitung von Situationen bzw. des Lebens, der Welt im Allgemeinen zu tun, der charakterisiert ist durch die Fähigkeit, auch negativen Situationen (Gefahren, Ich- Bedrohung etc.) positive Seiten abzugewinnen, sich nicht aus der Ruhe bringen zu lassen, ja sogar darüber lächeln zu können, d.h. zumindest ansatzweise mit „Erheiterung" zu reagieren. Humor in diesem breiten Sinne ist eher eine Einstellung zum Leben und den Mitmenschen im Allgemeinen. Er ist eine Kombination von Ernst und Heiterkeit. Man kann die wichtigen Dinge im Leben ernst nehmen, aber sie dennoch auch heiter distanziert betrachten" (Ruch, 2012, S. 23–24).

Was sind die wichtigsten Eckpunkte, die wir aus dieser Definition mitnehmen können?

- Humor als Einstellung zum Mitmenschen und Leben
- Humor zur Verarbeitung von Situationen bzw. der Welt
- Bei negativen/ernsten Ereignissen:
  → Ruhe bewahren
  → Distanz aufbauen
  → Auch Positives wahrnehmen
  → Reaktion der Erheiterung (z. B.: dem Umstand ein Lächeln schenken)

Die innere Einstellung zum Leben und der Blick auf die Welt sind nicht in Stein gemeißelt. Neue Perspektiven wahrzunehmen und in herausfordernden Momenten anzuwenden, kann geübt werden!

Herausfordernden, ernsten Momenten mit heiterer Gelassenheit begegnen

Versuchen wir dazu ein Alltagsbeispiel kurz durchzuspielen. Stell dir vor, du bist (wie jeden Morgen) auf dem Weg zur Arbeit. Leider stehst du im Stau. Zu all deinem Pech ist auch noch Dienstag, der Tag der Teambesprechung in der Firma – das wird sich wohl nicht ausgehen.

1. Ruhe bewahren

Zeit, sich kurz Entspannungstechniken ins Gedächtnis zu holen, bevor du in negativen Gedanken versinkst. In Woche 2 haben wir uns detaillierter mit diesem Thema beschäftigt. Vielleicht fällt dir eine Übung ein, die dir besonders gefallen hat?

Beispiel: Konzentriere dich für 120 Sekunden nur auf deinen Atem. Dafür hast du ja auch wahrlich genug Zeit im Stau.

2. Distanz aufbauen

Distanz kann viele Formen annehmen, wir probieren es dieses Mal mittels Zeit. Denke dich kurz in die Zukunft und frage dich: Ist das, was dich gerade beschäftigt tatsächlich auch noch in einem Jahr etwas, das dich beschäftigen wird?

Beispiel: In unserem Fall und der Stausituation kann es leicht passieren, dass diese Frage ein weiteres Lächeln verursacht. Vermutlich wirst du dich in einem Jahr nicht einmal mehr an die versäumte Teambesprechung erinnern. Nutze doch deine Energie zum Mitsingen deiner alten Lieblingssongs.

3. Auch Positives abgewinnen

Es geht nicht darum, Humor als „weil“ zu betrachten, sondern als „trotzdem“. Versuche es doch mal mit der spielerischen Herangehensweise der Vorwoche. Gibt es vielleicht irgendetwas Gutes an der vorliegenden Situation? Sei es auch etwas ganz Kleines oder Albernes.

Beispiel: Nutze doch die Zeit im Auto, um wieder mal deine Lieblings-CD oder die Hits der Jugend anzuhören, und lasse alte Erinnerungen aufblühen. Dafür nimmt man sich doch sonst nie Zeit!

4. Reaktion der Erheiterung (z. B. dem Umstand ein Lächeln schenken)

Es ist wichtig anzumerken, dass sich Humor und die ernsthafte Auseinandersetzung mit einer Situation nicht ausschließen. Man kann also einer schwierigen Situation begegnen, ohne dieser die Ernsthaftigkeit abzuerkennen.

Lachen hat die Macht, von belastenden Denkmustern abzulenken. Steckt nicht in unerwarteten, herausfordernden Situationen immer ein Stück Ironie oder Komik? Probiere diese zu finden und versuche sie in Form eines Lachens oder Schmunzelns auszudrücken.

Beispiel: Ganz ehrlich – Wie oft hast du die Teambesprechung anstrengend gefunden und dachtest dir, es sei verschwendete Zeit? Heute entkommst du, ohne böse Absicht! Schon ein bisschen witzig, oder?

Humorwork

- Mache dir Gedanken, was in letzter Zeit eine herausfordernde Situation war und wie die zuvor erwähnten 4 Schritte aussehen hätten können.
  Schreibe es nieder!

Gelingt dir das?

- Wenn Ja: Versuche die 4 Punkte bei der nächsten herausfordernden Situation durchzugehen und bestmöglich umzusetzen.
- Falls die Antwort Nein ist: Bleibe einfach noch ein wenig dabei, die Situationen im Nachhinein durchzuspielen. Vielleicht gelingt es dir bald, gelassener zu bleiben.

Beispiel:

____

____

____

____

1. Ruhe bewahren:

2. Heitere Distanz aufbauen:

3. Auch Positives abgewinnen:

4. Reaktionen der Erheiterung:

Woche 5: Resilienz – Humor als Bewältigungsstrategie

Denkspottaufgabe

Kommt es dir bekannt vor, dass in herausfordernden Situationen die Frage entsteht: Was ist schuld an meiner Situation? Wenn ja, formuliere diese doch beim nächsten Mal um: *Was kann meine derzeitige Situation verbessern?*

____

____

____

Resilienz

„An dem Punkt, wo der Spaß aufhört, beginnt der Humor."
(Werner Finck)

Zu Beginn stellen wir ein Fallbeispiel vor. Es handelt sich hierbei um ein in etwa 10-jähriges Mädchen, das mit circa drei Jahren ihre Mutter verloren hat. Der Vater ist unbekannt und hauptsächlich in der Illusion des Mädchens vorhanden. Das Mädchen wurde in einem baufälligen Haus gefunden, war spärlich bekleidet und zeigte hyperaktive Züge. Was für eine Person kommt dir in den Sinn und was glaubst du braucht dieses Mädchen?

Das Wort Resilienz kommt aus dem Englischen (resilience) und bedeutet Spannkraft, Elastizität und Strapazierfähigkeit. Im psychologischen Kontext bezeichnet Resilienz die Widerstandfähigkeit eines Menschen, welche in Extremsituationen und bei alltäglichen Belastungen die psychische Gesundheit erhält. Je höher die eigene Resilienz, desto besser die Chance auf Bewältigung einer belastenden Situation. Das vorhandene Ausmaß der Resilienz variiert also zwischen Personen. Innerhalb einer Person kann sich Resilienz zusätzlich situationsbedingt verändern. Ein Mensch kann bei gewissen Stressoren eine hohe Widerstandfähigkeit aufweisen und bei anderen eine geringe. „Unter Resilienz wird die Fähigkeit von Menschen verstanden, Krisen im Lebenszyklus unter Rückgriff auf persönliche und sozial vermittelte Ressourcen zu meistern und als Anlass für Entwicklung zu nutzen“ (Welter-Enderlin, 2012, S. 13). Wichtig zu verinnerlichen ist, dass Resilienz gestärkt werden kann. Denn sie ist nicht angeboren, sondern entwickelt sich in der Interaktion zwischen Individuum und Umwelt. Die Selbstbestimmtheit des Einzelnen wird betont und das Individuum als Gestalter des eigenen Lebens hervorgehoben. Humor kann als resilient wirken und hilft Menschen deshalb dabei, widerstandsfähiger zu werden. Resilienz definiert sich durch folgende sieben Säulen:

- Optimismus
- Akzeptanz
- Verlassen der Opferrolle
- Verantwortung übernehmen
- Lösungsorientierung
- Zukunftsorientierung
- Netzwerkorientierung

} Humor findet in jeder Säule seinen Platz.

Erinnerst du dich an das zu Beginn genannte Mädchen? Es handelt sich hierbei um Pippi Langstrumpf. Trotz ihrer Biografie wird sie uns als mutig, stark, selbstsicher und fröhlich beschrieben. Versuche doch einmal eine Situation aus der Sicht von Pippi zu sehen.

Exkurs: Stress

Da im Zusammenhang mit Resilienz belastende Ereignisse und Stressoren von großer Bedeutung sind, wollen wir auf diese kurz eingehen. Wie kommt es denn psychologisch zu Zuständen innerer Anspannung? Am anschaulichsten lässt sich dieser Prozess durch das Transaktionale Stressmodell von Lazarus vermitteln, welches die Beziehung zwischen Person und Umwelt beschreibt. Im Zentrum des Modells steht die individuelle Bewertung. Bei der primären Bewertung geht es um die Einschätzung einer Situation. Nach Auftreten eines potenziell stressigen Reizes kann dieser in drei verschiedene Bewertungsstufen eingeordnet werden:

- Irrelevant
- Angenehm-positiv
- Stressrelevant
- Herausforderung
- Bedrohung
- Schädigung/Verlust

Die *sekundäre Bewertung* handelt von Bewältigungsmechanismen. Hierbei werden für die Bewältigung zur Verfügung stehende Fähigkeiten und Möglichkeiten bewertet. Primäre und sekundäre Bewertung stehen in keiner zeitlichen Reihenfolge, sondern bedingen sich gegenseitig. Zuerst wird ein ausgewählter Bewältigungsmechanismus angewandt, was zu Erfolg oder Misserfolg führen kann. Anschließend erfolgt eine Neubewertung der Situation, welche es ermöglicht, die primäre Bewertung in einem anderen Licht zu betrachten. Gelingt es einer Person, eine als „bedrohlich" bewertete Situation positiv zu überwinden, wird diese in Zukunft eher als „herausfordernd" eingestuft. Dieser Prozess funktioniert auch andersherum: Stellt eine Person fest, dass die angewandten Bewältigungsstrategien bei einer als „herausfordernd" bewerteten Situation scheitern, wird diese in Zukunft als „bedrohlich" eingeordnet.

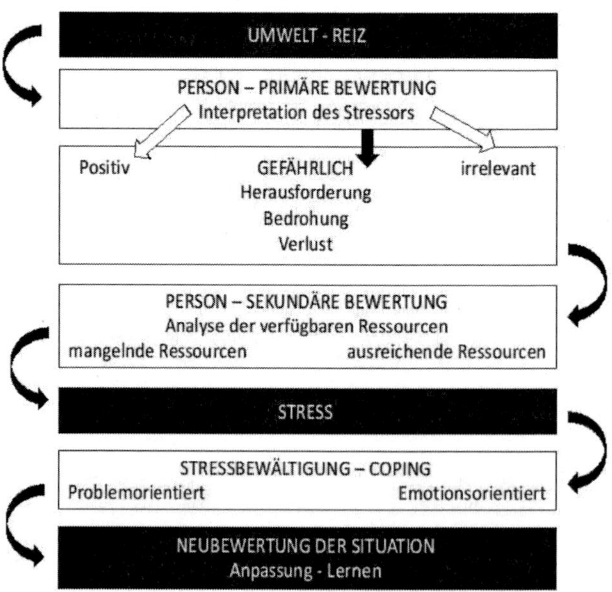

Kurz zusammengefasst: Es kommt zu einem Problem und unsere üblichen Problemstrategien funktionieren nicht. Dadurch geraten wir in ein Gefühl der Hilflosigkeit und werden handlungsunfähig, woraus Stress resultiert. Durch das Stressmodell wird deutlich, wie wichtig es ist, über Bewältigungsmechanismen zu verfügen wie zum Beispiel Humor.

Resilienz und Humor

Wie können wir nun diese Reaktionskette durchbrechen und Stress vermeiden? Einige wissenschaftliche Ergebnisse zeigten, dass Personen in Extremsituationen bzw. unkontrollierbaren Stresssituationen ihr emotionales Überleben durch den Einsatz von Humor sichern konnten. Nun gehen wir näher auf die sieben Säulen der Resilienz ein und setzen den Fokus dabei auf Humor.

Akzeptanz – Verlassen Der Opferrolle – Verantwortung
Die innere Haltung von Gelassenheit gegenüber Fehlern hilft, diese zu akzeptieren und perfektionistisches Denken abzulegen. Nach Lazarus hängt die Entstehung von Stress von der eigenen Bewertung und Reaktion ab. Reagieren wir mit Humor auf einen Stressor, ermöglicht uns das eine Neubewertung der Situation, welche Stress verringern kann. Stattdessen entsteht ein Gefühl von Kontrolle und unsere Handlungsfähigkeit kehrt zurück.

Optimismus – Lösungsorientierung – Zukunftsorientierung
Indem wir mit Humor und Gelassenheit auf einen potenziellen Stressauslöser reagieren, kann das Entstehen einer inneren Anspannung verhindert werden. Beziehen wir Optimismus in den vorhandenen Umstand mit ein, ermöglicht uns dies ein Umdenken

und neue Lösungsstrategien können erarbeitet werden. Humor kann also mit positivem Denken zusammenhängen. Die Reaktion von Humor auf belastende Ereignisse schafft innere Distanz, ermöglicht neue Blickwinkel und festgefahrene Handlungsmuster können durchbrochen werden. Eine humorvolle Sichtweise enthüllt negative Denkmuster → neue Zusammenhänge können entstehen → die Bewältigung einer Situation erscheint einfacher.

Netzwerkorientierung
Personen mit einem stabilen sozialen Netzwerk sind gesünder, da sie ihre Sorgen mitteilen können und dadurch Unterstützung und Wertschätzung erhalten. Humor unterstützt den Prozess der sozialen Eingliederung, denn er erleichtert die Kontaktaufnahme zu anderen Menschen und fördert die Aufrechterhaltung vorhandener Kontakte.

Humor löst nicht das Problem aber den Umgang damit! Denn Humor führt zu:

- Positivem Denken
- Perspektivenwechsel
- Kognitiver Umstrukturierung
- Kontrolle
- Bewältigungsfähigkeit

„Probleme kann man niemals mit derselben Denkweise lösen,
durch die sie entstanden sind“
(Albert Einstein).

Humorwork

- Gestalte deine positive Leistungs- und Lebensbilanz. Schaue zurück auf dein bisheriges Leben, und zwar mit einer Brille, die nur das Positive sichtbar macht. Beobachte, was alles gut gelaufen ist in deinem Leben, und schreibe es auf. Versuche, alle Altersstufen und alle Bereiche deines Lebens abzudecken. Bedenke dabei Persönlichkeit, Familie, Freundschaften, Ausbildung, Beruf, Freizeit und Partnerschaften.

- Was hast du schon alles geschafft?
- Worauf bist du besonders stolz?
- Wo siehst du deine Stärken?
- Was sind deine Ressourcen?
- Was gefällt dir an dir selbst?
- Welche positiven Eigenschaften hast du dir im Laufe deines Lebens erarbeitet?
- Was kannst du besonders gut?

Lebenslinie

Woche 6: Selbstironie – über uns selbst lachen

Denkspottaufgabe

- Kannst du gut über dich und deine Fehler lachen?
- Wann und mit wem lachst du über dich selbst?
- Betrifft das vielleicht bestimmte Eigenschaften?

Vorsicht: Ironie, Sarkasmus und Zynismus

„Das Lustige an uns ist, dass wir uns selbst zu ernst nehmen.“
(Niebuhr, 1987)

Wie wir schon aus Woche eins wissen, kann Humor viele Formen annehmen. Unter anderem kann er auch unempathisch oder verletzend wirken (für uns selbst und andere). Wenn wir es schaffen über uns selbst zu lachen, ohne in Selbstabwertung zu verfallen, kann Selbstironie eine große Bereicherung darstellen.

Ironie ist ein Stilmittel, bei dem oft das Gegenteil von dem gesagt wird, das eigentlich gemeint ist. Sarkasmus dagegen wirkt beißend und spöttisch, mit dem Ziel jemanden oder etwas lächerlich zu machen. Im Gegensatz zu Sarkasmus und Ironie ist Zynismus mehr eine Grundhaltung als ein Stilmittel. Zynismus geht also über eine Aussage oder Bemerkung hinaus. Zusätzlich ist Zynismus eine Humorform, die ohne größere affektive Betroffenheit auskommt. Das bedeutet, dass eine zynische Aussage nicht unbedingt lustig sein soll und mehr auf das Lächerlich machen von Wert- und Idealvorstellungen abzielt. Oft wird Zynismus in Verbindung mit großer Verletzlichkeit, Enttäuschung und Resignation benutzt, um so zu versuchen, einen mächtigen Gegner zu verharmlosen. Um Ironie, Sarkasmus oder Zynismus zu verstehen, muss das Gehirn abstrakt denken sowie Erinnerungen und Neues koordinieren. Deshalb ist Vorsicht geboten bei der Anwendung dieser Humorstile bei Kindern und Menschen mit kognitiven Beeinträchtigungen (zum Beispiel Demenz).

Aus der Forschung wissen wir, dass Personen in vulnerablen Berufsfeldern wie Feuerwehrleute oder Notfallsanitäterinnen sich dieser Humorformen bedienen. Es gibt eine Tendenz, dass in schwierigeren Situationen auch der Humor schwärzer wird. Deshalb greifen besonders Menschen in Krisenberufen häufiger auf Humorstile wie Sarkasmus, Ironie und Zynismus zurück, um extreme Situation zu bewältigen. „Es gibt kaum etwas im menschlichen Dasein, das es dem Menschen so sehr und in einem solchen Ausmaß ermöglichte, Distanz zu gewinnen, wie der Humor" (Viktor Frankl, 1987, S. 156). Diese Selbstdistanzierung ist eine wichtige Ressource, um uns selbst nicht zu ernst zu nehmen und mehr heitere Gelassenheit in unser Leben zu lassen. Oder wie es Viktor Frankl formulierte: "Humor ist eine Waffe der Seele im Kampf siehe oben! um ihre Selbsterhaltung". Es sollte allerdings bedacht werden, dass die Verwendung dieser Humorstilmittel anderen gegenüber verletzend und ausgrenzend sein kann.

Mit Fehlern und Scheitern umgehen

Eine wichtige Voraussetzung für die Verwendung von Selbstironie, ist eigene Fehler zu erkennen und zu akzeptieren. Schon in Woche drei haben wir erwähnt, dass die Lust am Scheitern eine Eigenschaft des Clowns ist, die wir uns von ihm abschauen sollten. Allerdings betreffen in unserer Wahrnehmung die eigenen Fehler bzw. das eigene Scheitern Themen, die wir gerne negativ betrachten und am liebsten ignorieren würden. Dabei vergessen wir häufig, dass gerade Fehler und Misserfolge uns bei der persönlichen Entwicklung weiterhelfen. Aus diesem Grund wollen wir im Folgenden auf die positiven Aspekte des Scheiterns eingehen. Fehlschläge sind im Grunde nichts anderes als eine Auseinandersetzung mit der Wirklichkeit. Kommt es zu einem Widerstand seitens der Wirklichkeit, beginnen wir diese zu hinterfragen. Durch das Scheitern betrachten wir den Ist-Zustand also aus unterschiedlichen, neuen Perspektiven und setzen uns viel intensiver mit ihm auseinander, als wir es sonst getan hätten. Das Konzept „Fail fast, learn fast“ hat sich auch wissenschaftlich bereits bewährt. So sind Personen, die schon früh in ihrem Leben mit Niederlagen konfrontiert wurden, oft erfolgreicher (und schneller erfolgreich) als jene, die ohne Misserfolge durchs Leben spazieren.

Im Umgang mit Fehlern ist es wichtig, sich nicht mit diesen zu identifizieren. Das ist besonders schwer, wenn wir Fehler machen, die nicht mit unserem Selbstbild übereinstimmen. Oft versuchen wir dann, den Fehler zu rechtfertigen oder auf äußere Umstände zu schieben. Aber Fehler machen wir alle und es ist auch okay, in bester Verfassung zu scheitern. Wichtig ist daher, sich eigene Fehler bewusst zu machen und das eigene Selbstbewusstsein nicht nur von Erfolgen abhängig zu machen. Erfolg ist zwar angenehm, doch Misserfolg ist lehrreicher. Überlege dir nach einem Misserfolg, was du daraus mitnehmen kannst und beim nächsten Mal anders machen möchtest. Wenn wir uns vor Augen führen, dass jeder Fehler auch Wachstum mit sich bringt, dann ist es vielleicht gar nicht mehr so schlimm, dass sie passieren, und man kann ihnen mit einem Schmunzeln entgegnen.

Was bedeutet es über sich selbst lachen zu können (nach Falkenberg et al., 2013)?

- Erkennen, dass man nicht im Mittelpunkt des Universums steht.
- Erkennen, dass die eigene Meinung nur eine unter vielen ist.
- Sich nicht von den eigenen Schwächen bestimmen zu lassen.

Es bedeutet allerdings nicht:

- Eine geringe Meinung von sich zu haben.
- Sich selbst zu entwerten.
- Inkompetenz, unreif oder verantwortungslos zu sein.
- Nie ernst sein zu können.

Humorwork

Wie schaffst du es, mehr über dich selbst zu lachen? (Übung nach McGhee)

Schritt 1

- Mach dir bewusst, dass niemand perfekt oder fehlerlos ist.
- Nun schreibe eine Liste mit Dingen, welche du an dir selbst nicht magst.
- Unterteile diese Punkte in:
    - *schwerwiegend*
    - *weniger schwerwiegend*
    - *veränderbar*
    - *weniger veränderbar*

Schritt 2

- Sprich mit anderen Menschen über die Punkte auf deiner Liste.
- Sprich dabei auch über Fehler oder Situationen, welche du als peinlich empfunden hast.
- Bei Schwierigkeiten stehen auch professionelle Beraterinnen gerne zur Verfügung.

Schritt 3

- Suche selbstironische Witze heraus und lerne sie.
- Nun suche Witze heraus/erfinde Witze, welche zu deinen eigenen Schwächen passen.
- Lege dabei auch lustige Antworten für peinliche Situationen heraus (die Verwendung von Übertreibungen kann hierbei hilfreich sein).

Woche 7: Humorstrategien – therapeutischer Humor für die Selbstanwendung

Denkspottaufgabe

- Schon mal darüber nachgedacht, genau das Gegenteil zu tun von dem, was du dir eigentlich vorgenommen hast?

Dass es sich bei Humor nicht bloß um einen spaßigen Zeitvertreib handelt, haben wir die letzten Wochen bereits versucht zu vermitteln. Darüber hinaus wollen wir diese Woche die genauere Anwendung von Humor in der Psychotherapie betrachten. Denn viele therapeutische Techniken und Strategien können auch für den Alltag, das Berufsleben oder kleine herausfordernde Situationen hilfreich sein.

Humor und Psychotherapie

„Humor ist eine spezifisch menschliche Fähigkeit und setzt voraus, dass der Mensch auch über sich selbst und über seine eigenen Ängste lachen kann“ (Frankl & Kreuzer, 1997).

- Humor ist das Maß der Fähigkeit eines Menschen zur Selbstdistanzierung.
- Ein Lachen lenkt die Aufmerksamkeit auf natürliche Weise ab.
- Ein neuer Bezugsrahmen der eigenen Möglichkeiten wird geschaffen.
- Durch Humorinterventionen kann sich der eigene Humor entfalten.
- Humor ist ein Appell an die *„Trotzmacht des Geistes“* (Viktor Frankl, 2015, S. 134) → Erst der Widerstand führt zum Erfolg.

Der therapeutische Humor hat sich in seiner Wirkung bereits bewährt, und zwar auf vielfältige Art und Weise. So zeigen sich positive Veränderungen auf folgenden Ebenen:

Emotion
Durch den Einsatz von Humor können sich Hemmungen lösen und verdrängte Emotionen können aufgedeckt werden. Humor ermöglicht zusätzlich einen spontanen Austausch von Gefühlen zwischen Therapeutin und Klient.

Kognition
Humor hat eine anregende Wirkung auf das kreative Potential eines Menschen und hilft dabei, neue Zusammenhänge herzustellen. Ebenso führt Humor zu einer Relativierung von Bewertungen. Die Aufmerksamkeit kann durch eine humorvolle Bemerkung gewonnen werden, was wiederum Entscheidungsprozesse in Gang setzen kann.

Kommunikation
Humor schafft eine Gleichwertigkeit im gemeinsamen Dialog, fördert die Offenheit und wirkt erfrischend und entspannend.

Verhalten
Humor löst rigide Verhaltensmuster. Ein Gefühl von Selbstvertrauen oder Selbstbestätigung kann durch Humor entstehen.

Paradoxe Interventionen

Unter paradoxen Interventionen versteht man psychologische/psychotherapeutische Techniken und Methoden, die im Widerspruch zum eigentlichen Ziel stehen, aber trotzdem zu einer Zielerreichung führen. Paradoxe Interventionen haben sich als effektive Interventionsformen erwiesen.

Beispiele paradoxer Interventionsformen

Paradoxe Intention
„Diese logotherapeutische Technik basiert auf dem heilsamen Einfluss des Versuches des phobischen Patienten, sich das zu wünschen, wovor er sich so sehr fürchtet. Auf diese Art und Weise wird der Angst schließlich der Wind aus den Segeln genommen" (Viktor Frankl, 2015, S. 243). Das Ziel hierbei ist es, den Teufelskreis der Erwartungsangst (Angst vor der Angst) zu durchbrechen. Erreicht werden soll dieses Ziel, indem man sich das, wovor man Angst hat, im extremen Ausmaß herbeiwünscht und vorstellt. Mithilfe von paradoxen Intentionen sollen Verhaltensweisen, die man eigentlich problematisch findet und loswerden will, vorerst akzeptiert werden. Durch eine mentale Übertreibung der ungewünschten Eigenschaften entspannt sich der Körper und Begleiterscheinungen oder Ängste treten in den Hintergrund bzw. kommen gar nicht erst auf. Diese Methode wirkt auch hervorragend bei kleinen Alltagsproblemen und kann zu einer unmittelbaren Verbesserung führen.

Beispiel: Jemand hat Angst beim bevorstehenden Zahnarzttermin so zu schwitzen, dass es sehr peinlich wird. Die Person beginnt sich die Situation in Gedanken vorzustellen: Ich werde heute so viel schwitzen, wie noch nie jemand geschwitzt hat. Mein Hemd wird durchnässt sein und Schweiß tropft von meiner Stirn auf den Boden, bis eine Lache entsteht. Ich wische mir den Schweiß mit meinen Händen vom Gesicht und sage zu meinem Zahnarzt: „Na, Sie bringen mich heute aber zum Schwitzen!"

Symptomverschreibung
Bei dieser Methode geht es darum, sich Verhaltensweisen, die zu einer Problematik führen, bewusst vorzunehmen. Ein sehr typisches Beispiel hierfür sind Schlafstörungen. Eine Patientin beklagt sich, dass sie in der Nacht kaum ein Auge zu macht. In diesem Fall wird das „Nicht-Schlafen" aktiv verordnet.

Ein anderes Beispiel wäre ein Jugendlicher, der zuhause nur am Herumalbern ist. Dieser bekommt nun den Auftrag, das unangebrachte Verhalten ab jetzt besonders oft zu wiederholen. Diese Verschreibung macht es möglich, sich von dem Gedanken zu befreien, etwas anders machen zu müssen (bzw. im Falle der Patientin: schlafen zu müssen). Schafft eine Person es, die Symptomverschreibung durchzuhalten, fördert dies die Selbstwirksamkeitserwartung. Wenn eine Person die Symptomverschreibung nicht durchhält, kommt es zu einer Abschwächung der Symptomatik.

Kommunikation

Der Kommunikationswissenschaftler (ebenfalls Philosoph und Psychotherapeut) Paul Watzlawick hat sich damit befasst, welchen Einfluss verbale und nonverbale Botschaften auf Menschen haben. Nicht selten macht der Ton die Musik und alles, was wir aussprechen (senden) oder eben aufnehmen (empfangen) hat Auswirkungen auf das zwischenmenschliche Miteinander (im beruflichen, familiären und alltäglichen Kontext).

Aus diesem Grund wollen wir uns kurz damit beschäftigen, wie wir eine belastende Kommunikation erkennen können. Passend zu den paradoxen Interventionsformen befassen wir uns deshalb mit Paradoxien der Kommunikation.

Paradoxe Handlungsaufforderung

Paradoxien innerhalb von Kommunikation können eine sehr humorvolle Wirkung haben. Sind diese Paradoxien allerdings nicht als Ironie dekodiert, kann es schnell zu Verwirrungen führen. Paradoxe Handlungsaufforderung sind Aussagen, welche zwei unvereinbare Botschaften beinhalten. Ein klassisches Beispiel einer paradoxen Handlungsaufforderung ist die „Sei-spontan-Paradoxie", da auf diese Aufforderung kann kein angemessenes Verhalten erfolgen. Denn sobald Spontanität zu einem Vorhaben wird, geht jegliche Spontanität verloren. Wenn der Empfänger allerdings gar nicht auf die Aufforderung eingeht, bestätigt er ebenfalls nicht spontan zu sein.

Doppelbindungen

Bei Doppelbindungen kommt es innerhalb einer engen Beziehungsstruktur zu einer Mitteilung die:

1. etwas aussagt,
2. etwas über das Ausgesagte aussagt und
3. diese zwei Aussagen im Widerspruch zueinander stehen.

In diesem Fall stehen Beziehungs- und Inhaltseben nicht im Einklang. Beispiele für Doppelbindungen sind:

- Das muss besser werden, aber ich will keine Veränderung!
- Mach was du willst, aber enttäusche mich nicht!

Die widersprüchlichen Aussagen werden oftmals nicht nur verbal ausgedrückt, sondern durch Mimik, Gestik, Körpersprache oder Unterton vermittelt. Paradoxe Handlungsaufforderungen und Doppelbindungen sind klassische Beziehungsfallen. Sie können bei der Empfängerin zu starker Verunsicherung und Überforderung führen. So können schädliche Beziehungsstruk-turen entstehen. Um dem entgegenzuwirken, hilft das Bewusstsein für Paradoxien innerhalb zwischenmenschlicher Beziehungen auf verbaler und nonverbaler Ebene.

Humorwork

- Entdecke Paradoxien in der Kommunikation mit anderen oder beim Zuhören von Gesprächen und notiere sie. So kannst du langsam ein Bewusstsein für Widersprüchlichkeit entwickeln.

____

____

____

____

____

____

- Suche dir eine der zwei vorgestellten Methoden der Paradoxen Interventionen aus (bei welcher du der Meinung bist, dass sie am besten zu deiner Problematik passt) und versuche sie bewusst durchzuführen. Schreibe jeden Abend ein paar Zeilen darüber, wie es dir erging und entdecke das humorvolle an der Technik.

Meine Erfahrungen mit paradoxen Interventionen:

- Was passiert, wenn du eine belastende/herausfordernde Geschichte erzählst, deine Körperhaltung, Gestik und Mimik aber das Gegenteilige signalisiert. Wie fühlt sich das an?

Kleiner Tipp: Schau zur Decke während der gesamten Erzählung. Deine Mundwinkel können dadurch nicht nach unten ziehen und deine Mimik entspricht eher der eines leichten, freudigen Gefühls. Durch Körperhaltungen werden Signale an das Hirn gesendet (unabhängig von deiner tatsächlichen Laune), welches diese interpretiert.

Woche 8: Reflexion

Die achte Woche soll dazu dienen, die Themen und Erfahrungen der letzten sieben Wochen zu wiederholen. Es werden viele Fragen gestellt, die dir dabei helfen können, dich an die besprochenen Inhalte zu erinnern und ihre Wirksamkeit zu reflektieren. Du wirst dich damit beschäftigen, welche Veränderungen du wahrgenommen hast bzw. auf welche du noch hinarbeiten möchtest. Falls dir die Antworten schwerfallen, geh die einzelnen Wochen noch einmal durch und mache dir jeweils ein paar Stichpunkte. Dafür haben wir die einzelnen Wochen nochmals in Form eines Foliensatzes zusammengestellt. Diese können mittels QR-Codes heruntergeladen werden oder aufgerufen werden unter: https://www.parodos.de/humortraining/Woche*[n]*.pptx (statt *[n]* bitte die Zahl 1–7 eingeben).

Was kann ich mir aus den jeweiligen Wochen mitnehmen?

Das Ziel dieser Woche ist es, dass du dir zu jedem Wochenthema zwei bis drei wichtige Erkenntnisse aufschreibst und diese verinnerlichst. Im Anschluss nennen wir daher mögliche Hilfestellungen, durch die du die Inhalte der Wochen zusammenfassen kannst. Falls dir die Antworten schwerfallen, geh die einzelnen Wochen noch einmal durch und mache dir jeweils ein paar Stichpunkte.

Woche 1: Was ist Humor?

Zu Beginn haben wir uns mit Definitionen des Humors beschäftigt und sind auf die verschiedenen Humorstile eingegangen. Humor erweist sich als Sammelbegriff und lässt sich nur schwer definieren.

- Welche Humordefinition ist für dich am treffendsten?
- Welchen Humorstil hast du?

Meine persönliche Humordefinition:

____

____

____

Woche 2: Achtsamkeit

In welchen Momenten schaffst Du es:

- Humor in den Mittelpunkt zu stellen?
- Die Wahrnehmung von Humor bewusst zu steuern?
- Emotionen urteilsfrei zu betrachten?

____

____

____

Welche Achtsamkeitsübung hat dir geholfen?

Woche 3: Spielerische Lebenskunst

Spielen ist auch für Erwachsene! In dieser Einheit war unser Anliegen dir aufzuzeigen, welchen wichtigen Beitrag das Spiel in unserem Leben hat und dass es auch im Erwachsenenalter nicht vergessen werden darf.

- Konntest du in den letzten Wochen die Lust am Spielen wiederentdecken bzw. ist dir aufgefallen, in welchen Bereichen deines Lebens du mit Spielen konfrontiert bist?
- Welche Formen des Spielens bereiten dir am meisten Freude (Kreativität, Wortspiel, Gedankenspiel)?
- Wie kannst du deinen Alltag spielerischer gestalten?
- Hast du durch das Bilden von „Doofinitionen" das Spiel mit der Sprache aufleben lassen und konntest du lustige Wortspiele in Gesprächen mit anderen entdecken?

Welche Arten des Spielens will ich weiterhin in meinen Alltag einbauen?

____

____

____

____

Woche 4: Heitere Gelassenheit

1. Ruhe bewahren
2. Distanz
3. Auch Positives wahrnehmen
4. Reaktion der Erheiterung

- Welche der vier Punkte könntest du ausbauen?
- In welchen Situationen hast du deine Gelassenheit trainiert?
- Hast du eine Veränderung bemerkt?

____

____

Woche 5: Resilienz

Wir haben uns damit beschäftigt, wie Stress entsteht und welchen Einfluss Resilienz auf die positive Bewältigung belastender Situationen hat. Zusätzlich haben wir gelernt, dass Resilienz gestärkt werden kann und Humor einen großen Teil dazu beiträgt.

- Kannst du dich an die sieben Säulen der Resilienz erinnern?
- Welche dieser sieben Säulen verwendest du häufiger zur Bewältigung von persönlichen Krisen und welche hast du bis jetzt eher selten berücksichtigt?

- Was sind deine persönlichen Schutzfaktoren?

- Welche Bewältigungsstrategien willst du dir aneignen?

- Mit welchen Bewältigungsstrategien bist Du zufrieden?

Woche 6: Selbstironie

Eine gesunde Distanz zu eigenen Problemen kann sich positiv auf das persönliche Erleben von Belastungen auswirken. Dich selbst nicht zu ernst zu nehmen ist eine Möglichkeit, Distanz herzustellen und trotzdem die Verbindung zu dir selbst nicht zu verlieren.

- Wann schaffst du es, über dich selbst zu lachen?
- Über welche Schwächen kannst du bis jetzt nur selten lachen?

Woche 7: Humorinterventionen

In diesem Wochenblock haben wir uns damit beschäftigt, welche Humorinterventionen du aktiv einsetzen kannst.

- Welche der Übungen hast du bisher angewandt?
- Fällt dir die Umsetzung der Interventionen eher leicht oder schwer?

Ebenfalls beschäftigten wir uns mit Kommunikation und den belastenden Varianten sprachlichen Austausches.

- Konntest du Paradoxien im Alltag entdecken?

Zur Erinnerung, zwei Formen von Paradoxien lauten:

1. Paradoxe Handlungsaufforderung
2. Doppelbindungen

Humorwork

Was hat sich in den letzten Wochen verändert?

- Welche Übung/Woche hat dir besonders gefallen?
- Mit welcher Übung/Woche konntest du nicht so viel anfangen?
- Was kannst du langfristig aus dem Training mitnehmen?
- Hat sich dein Bewusstsein für Humor und/oder Lachen im Alltag verändert?
- Fallen dir in den letzten Wochen häufiger Situationen auf, in denen sich Humor versteckt?

Wie behalte ich weiterhin Humor im Alltag?

- Suche dir eine Lieblingsübung der letzten Wochen aus und behalte sie weiterhin bei.
- Versuche ein Ritual zu schaffen, dass dich regelmäßig an die heitere Sichtweise auf das Leben erinnert. Wir empfehlen dir, vor dem Einschlafen den Tag Revue passieren zu lassen und dir drei Erlebnisse des Tages in Erinnerung zu rufen, die dich zum Schmunzeln brachten oder dir Freude bereiteten. Du kannst dir auch ein kleines Notizbuch neben das Bett legen und sie darin notieren. Auf Dauer kann dir das helfen, deinen Blick für Positives und Humorvolles zu schärfen.

Wir gratulieren dir, denn du hast jetzt dein eigenes Humortraining zum Mitlachen gestaltet! Es war uns eine große Freude, dich bis hierhin zu begleiten und vielen Dank fürs Durchhalten.

QR-Codes zu weiteren Präsentationen (Power Point)

WOCHE 1

WOCHE 2

WOCHE 3

WOCHE 4

WOCHE 5

WOCHE 6

WOCHE 7

Literatur

Atkins, C. J., Kaplan, R. M., & Toshima, M. T. (1991). Close relationships in the epidemiology of cardiovascular disease. Advances in personal relationships, 3, 207–231.

Bach, D., Rathmaier, B. & Sünder, W. (2017). Wenn dir ein Clown ins Leben tanzt: Erkenntnisse aus der Humorforschung. Mandelbaum Verlag.

Batthyány, A., & Lukas, E. (2020). Logotherapie und Existenzanalyse heute: Eine Standortbestimmung. Tyrolia.

Cherry, K. (2021, 12. Juli) What is toxic positivity? https://www.verywellmind.com/what-is-toxic-positivity-5093958

Damasio, A. R. (2004). Emotions and feelings. In Feelings and emotions: The Amsterdam symposium (pp. 49–57). Cambridge University Press.

Dudenredaktion (2021, 20. Februar). Ironie. Duden online. https://www.duden.de/rechtschreibung/Ironie

Dudenredaktion (2021, 20. Februar). Sarkasmus. Duden online. https://www.duden.de/rechtschreibung/Sarkasmus

Dudenredaktion (2021, 20. Februar). Zynismus. Duden online. https://www.duden.de/rechtschreibung/Zynismus

Einstein, A. (2023, 28. Februar). Zitate. https://www.zitat-des-tages.de/zitate/probleme-kann-man-niemals-mit-derselben-denkweise-loesen-durch-die-sie-entstanden-sind-albert-einstein

Eysenck, H. J. (1972). Foreword. In J. H. Goldstein & P. E. McGhee (Eds.), The psychology of humor. Academic Press.

Falkenberg, I., McGhee, P. E., & Wild, B. (2013). Humorfähigkeiten trainieren: Manual für die psychiatrisch-psychotherapeutische Praxis. Schattauer Verlag.

Frankl, V. E. (2015). Ärztliche Seelsorge: Grundlagen der Logotherapie und Existenzanalyse. Hogrefe.

Frankl, V. E. (1982). Die Psychotherapie in der Praxis: Eine kasuistische Einführung für Ärzte. Franz Deuticke Wien.

Frankl, V. E., & Kreuzer, F. (1997). Im Anfang war der Sinn: Von der Psychoanalyse zur Logotherapie – Ein Gespräch. Springer Verlag.

Frankl, V. E. (1977 , 12. Auflage 2009). Trotzdem Ja zu Leben Sagen, Ein Psychologe erlebt das Konzentrationslager, Kösel Verlag, München.

Finck, W. (2023, 28. Februar). Humor in der Lyrik: Folge 28. https://dasgedichtblog.de/humor-in-der-lyrik-folge-28-werner-finck-1902-1978-an-dem-punkt-wo-der-spass-aufhoert-beginnt-der-humor/2017/02/25/

Hebbel, F. (1903). Tagebücher (4 Bde). Hoffmann und Campe.

Heckl, R. W. (2019). Das lachende Gehirn: Wie Lachen, Heiterkeit und Humor entstehen. Klett-Cotta.

Heidenreich, T., & Michalak, J. (2003). Achtsamkeit («Mindfulness») als Therapieprinzip in Verhaltenstherapie und Verhaltensmedizin. Verhaltenstherapie, 13(4), 264–274.

Henman, L. D. (2001). Humor as a coping mechanism: Lessons from POWs. Humor, 14(1), 83–94.

Hüther, G., & Quarch, C. (2016). Rettet das Spiel! Weil Leben mehr als Funktionieren ist. Carl Hanser Verlag.Bach, D., Rathmaier, B. & Sünder, W. (2017). Wenn dir ein Clown ins Leben tanzt: Erkenntnisse aus der Humorforschung. Mandelbaum Verlag.

Huizinga, J. (1956). Homo ludens: vom Ursprung der Kultur im Spiel. Rowohlt Verlag.

Kuiper, N. A., Martin, R. A., & Olinger, L. J. (1993). Coping humour, stress, and cognitive appraisals. Canadian Journal of Behavioural Science/Revue canadienne des sciences du comportement, 25(1), 81.

Lama, D., Tutu, D., & Abrams, D. (2016). Das Buch der Freude. Lotos.

Lazarus, R. S., & Folkman, S. (1984). Stress, appraisal, and coping. Springer Verlag.

Martin, R. A. (2007). The Psychology of Humor: An integrative approach. Elsevier.

Martin, R. A., Puhlik-Doris, P., Larsen, G.: Gray, J., & Weir, K. (2003). Individual differences in uses of humor and their relation to psychological wellbeing: Development of the Humor Styles Questionnaire. Journal of Research in Personality, 37 (1), 48–75.

Michalak, J., Heidenreich, T., & Williams, J. M. G. (2012). Achtsamkeit. Hogrefe Verlag.

Niebuhr, R. (1987). The Essential Reinhold Niebuhr: Selected Essays and Addresses. Yale University Press.

Online-Lexikon für Psychologie & Pädagogik (2023, 28. Februar). Symptomverschreibung. https://lexikon.stangl.eu/14568/symptomverschreibung

Patsch, I. (2007). Humor trotz (t) Schmerzen. In Nichtmedikamentöse Schmerztherapie (S. 147–156). Springer.

Pépin, C. (2017). Die Schönheit des Scheiterns: kleine Philosophie der Niederlage. Carl Hanser Verlag.

Ruch, W. (2012). Humor und Charakter. In B. Wild (Hrsg.), Humor in Psychiatrie und Psychotherapie. Neurobiologie-Methoden-Praxis (S. 8–27). Schattauer GmbH.

Rusch, C. (2007). Lachen Sie sich gesund. Mvg Verlag.

Weinberger, S., & Lindner, H. (2019). Faszination Spiel: Wie wir spielend zu Gesundheit, Glück und innerer Balance finden. Springer Verlag.

Welter-Enderlin, R. (2012). Resilienz aus der Sicht von Beratung und Therapie. In R. Welter-Enderlin & B. Hildenbrand (Hrsg.), Resilienz – Gedeihen trotz widriger Umstände (4. Auflage). Carl Auer Verlag.

Wild, B. (2014). Humor in der Psychotherapie. Vortrag im Rahmen des 9. Symposiums des CliniClowns Forschungsvereins, Wien.

Wild, B. (Ed.). (2016). Humor in Psychiatrie und Psychotherapie: Neurobiologie-Methoden-Praxis. Mit Geleitworten von Eckart von Hirschhausen und Otto F. Kernberg. Schattauer Verlag.

Wilde, O. (2023, 28. Februar). Zitate. https://gutezitate.com/zitat/189393